바람이 사는 집

김숙경 시인은 2016년 ≪리토피아≫로 등단했다. 한국작가회의 회원이며, 리토피아문학회, 여수화요문학회 회원으로 활동하고 있다.

e메일 : 0816sk@hanmail.net

리토피아포에지 · 135
바람이 사는 집

인쇄 2022 10. 26 발행 2022 10. 31
지은이 김숙경 펴낸이 정기옥
펴낸곳 리토피아
출판등록 2006. 6. 15. 제2006-12호
주소 21315 인천시 부평구 평천로255번길 13, 903호
전화 032-883-5356 전송032-891-5356
홈페이지 www.litopia21.com 전자우편 litopia@hanmail.net

ISBN-978-89-6412-169-6 03810

값 10,000원

* 이 책은 전라남도 문화재단의 후원을 받아 발간되었습니다.

김숙경 시집

바람이 사는 집

LITERATURE & UTOPIA

시인의 말

민낯이 예뻤을 때가 있다
햇살을 피하는
바람결에
마주한
흔들리는 나무

봄이었다

2022년 8월
김숙경

차례

제2부

제3부

제4부

| 제1부 |

LED형광등

빛은 하루를 살려 했지
뜨겁게 달궈 탈진 전 산허리를 넘었지
어스름이 지나면 광란의 조명이 시작되는데
눈부시다는 건 파격이야
화끈거리는 건 심장의 염려증
또 다른 낮이 시작되지
짐승의 허리를 책상 앞에 세우는
규칙적인 건망증 고리는
뒤엉킨 점멸등의 흔적일 뿐이야
별을 쫓았거나
꿈을 놓쳤거나
어둠을 지웠거나

불빛은
낮을 데리고 다니는
우문현답愚問賢答이지

상암동 사람들

둔덕삼거리에서 둔덕재를 넘나드는 국도 77호선
영취산을 휘돌아 석창으로 향한다
웃바구, 모여 사는 남촌 북촌 진례 읍동 당내마을
골짜기마다 자귀나무 넘쳐났다는데
국가산업단지 조성으로 살아남았다는 진달래

사십 년이 넘은 이주정책 약속은
논 밭고랑마다 농지정리 막는 창살 되어
가슴에 눌어붙어 주름 고개 만들고
컥컥대는 숨소리의 마른 항변
상암천에 흘려보낸 꽃가루 닮았던 유황 가루
봄날을 되새김질하는 그림이다

한 뙈기의 땅과 고향을 밑자리로 이주 농성 벌이던
오염된 채 연명하던 막노동의 생들
아버지,
머리맡에 피어나던 진달래

울분의 함성 높아질수록 더 깊고 단단해지던 뿌리

철제건물들이 야금야금 들어서고
쾨쾨한 욕심 연무에 섞여 녹슬어 가는 영취산 앞마당
'꽃구경이다' '사람 구경이다' '이만한 인심 없다'
흥에 겨워 들락거리는 상춘객 바람 춤
올해도 어김없이 더 붉고 진한 꽃 울음 터져 나온다

금오도 동백

바람이 불었다
코끝을 지나 기억 창고 두드리는 순간
시간의 역주행을 알아채기도 전
날아든 꽃잎 하나
젊은 날 날렵하던 소나기 깃이었던가
부드럽게 낚아채던 햇살 소매 끝이었던가
멈춰버린 환호, 비렁길 돌고 돌아
그 자리

연초록 사이사이 서성이는 기억
잊힌 것은 위로하지 말자
감당해 내지 못한 젊은 날의 절벽들
파도로 구구절절 지워버리자
놓았던 인연의 끝자리에 소금기만 더하여
비렁길에서 외줄 안부 묻는
눈물의 동백

첫사랑을 잃었던 여자
봄만 되면
뱃길처럼
남쪽으로 몸을 돌린다

시는 나에게

문득
혼란이 멈추고 질문이 찾아들던 그 순간
비켜 앉은 자리에서 지그시 바라보았다
온전히
지금이 아니면
지금을 빠져나오지 않으면
고른 숨길이, 나른한 신경이
진흙 속 연잎의 대롱이 되어 버릴까 봐
갈등葛藤의 힘겨루기에 뒤틀려 버릴까 봐
마른 잎처럼 푸석거리다가 사라져 버릴까 봐

그러다가
전깃줄에 앉은 구름이 참새와 수평을 맞추는 것이
아이러니한 고집은 아니라고

비를 맞는 일도
빛을 찾아내는 일도

산을 오르다 쉬는 일도
골짜기에 들어 길을 잃어도
마음이 집중하는 일임을

감나무 가지가 밤새 지켜 낸 이슬이
목마른 콩새에게는 넘치는 한 모금의 유혹인 것을

바람이 사는 집

그대 집에 가 보았습니다
계절이 몇 번 지났는데도 안부를 묻지 못했습니다
쉬울 거라고 잠시일 거라고
서러워질까 봐 참았습니다
원망을 늘어놓을까 봐 생각을 놓았습니다

그 집 앞에 다시 섰습니다
봄이 왔다 갔는지 매화꽃이 살랑거립니다
잡념도 많았는지 잔디는 여기저기 옆구리를 내어 주었네요
나눠 주겠다던 능소화가 외줄을 타고 있습니다
챙기신다는 길고양이들이 보입니다

그러다가
그대가 없을까 봐 눈물이 돋았습니다
눈물 위로 내 발자국 힘주어 남겨놓았습니다

달려라 하니

11호 광장 상가 앞 길가
봉천순대를 파는 1톤 트럭이
1인분 값으로 헌혈증 한 장을 받는다는 풋말이 있다

김이 새어 나오는 솥단지
면포를 가지런히 젖히는 그 손이 경건하다
헉헉 숨이 차오른다
검붉은 혈구들이 팽팽하다

나이거나 혹은 너
혈관을 뚫어내어 링거에 피가 돌게 하는 일
멈춰버린 생의 흐름을 터주는 일

고교 시절 우유 한 팩과 맞바꿔놓은 빛바랜 기억
유효기간이 궁금하다

맨드라미재 십리길

아침 들녘 까마귀를 보신 어머니
아침상에서 경찰이던 친정 동생의 부음을 듣고
저녁 큰아들의 죽음을 보듬었다
잉구부*에 매복한 진압군 총 앞에서
큰 눈을 가진 짙은 눈썹의 어린 가장의
달음박질은 소용이 없었다

미평 오림리 잉구부에서 여천리 내동 부락까지
걸음걸음 맨드라미빛 서러움이 찍히고
못다 푼 응어리들 뭉쳐 무겁디무거워진 몸
산 자들이 힘 합쳐 떠메고 돌아온 핏빛 십리길
아들의 마지막을 수습했던 마음을 잊지 말라 했다

고통의 진폭이 넓어지고
죽음의 형상에 대한 뿌리들
그 끝에 딸려오는 기억의 단편들은
막연한 두려움에서 적절한 말의 옷을 입고

빛 속에서 당당해지기 위한
삶의 동심원同心圓이 되었다

* 잉구부 : 여수 연등동 중앙을 관통하던 도로의 옛 이름.

엄나무

전지가위로 쳐낸다

남자의 눈에 들어 대문 안쪽에 심어졌다
대문 밖 세상이 궁금해 손 내밀면
잎이 무성하다 자르고
아버지의 소식 궁금해 꽁지발 서면
담 밖으로 나간다고 자른다

남자는
봄이면 부드러운 어린잎을 나물로 먹고
여름이면 보양한다고 백숙에 넣어 먹고
가을, 겨울이면 관절에 좋다며 끓여 먹는다

애달픈 나의 몸은 악어가죽보다 질겨져
참을 수 없는 화禍는 독침보다 강한 가시를 만들었다
위로하는 빗줄기도 설움을 어쩌지 못한다

허공

보이는 생들은 투명한 끈이라도 잡고 있는가
난간에 있는 나는 바닥이라도 딛고 있는가
날 보는 공중의 거미는

달은

해는

바람은

아버지는

한 줌
인연을 잡고 있다는 너는 단단하게 엉켜 있는가
고요가 부르는 소란한 침묵들
외로움이 끼어든 광란의 대화들 자축해야 한다
스며드는 혼탁한 샘물을 정화하기 위해
뒤섞이지 않는 물과 기름처럼 분별되어야 한다

사랑초

가만히
또한 불현듯

잠자리마냥 바르르
미세한 감각의 촉수가 선다

검붉은 심장을 내놓고
연정을 향한 신경은 오직 한 줄
정갈한 백색

온몸으로 쉽게 읊는다

노량진

노량진에 삼계탕이 끓고 있다
기억궤도를 이탈한 암호들이 어지럽다

허기진 배를 채우는 젊은 취준생
더위를 부어 중복을 견딘다

컵밥, 김에 말린 멸치
고래로 뛰어오를 기세는 바다에 닿아 있다

바다는 삼계탕 속에서 끓고
컵에서 고래는 꿈틀거린다

어머니의 바다

해무가 보드랍게 차오르면
아다지오Adagio로 바다를 연주하는 가랑비
파랑 지붕의 조명에
방파제 전봇대는 음표가 된다

비는 소리 없이 끼어들고
기척도 없이 배들이 포물선을 그린다

할멈이 구부정하게 기어오고
고기에 기웃대던 흰 개도 어슬렁거린다

어머니는
다 닳은 얘기를 어제 일처럼 되풀이하고

나는
뒷얘기 꼬리에 장단을 맞춰 거드는 시간

바다를 만져본다
뜨거움이 솟구친다
따뜻한 생

벽시계

벽에 박힌 시계
반복하는 절대 간격의 어지럼증
소소한 일상이라는 꼬투리를 잡혔을까
째깍거리며 뒷걸음이다

터억, 목에 걸렸다

빠름과 느림의 팽팽한 줄다리기
양보할 수 없는 야무진 고집
돌고 돌다 멈춰버린
지금

잠시, 적막하다

소록도

하늘이 내렸다는 섣부른 오해가
길을 막아 버리고

허망의 늪에 빠진 그대
공포의 벽에 싸여 피비린내 씻어냈다

긴 모가지 구슬픈 눈빛
바다에 드러눕고
뭉툭한 손으로 새겨놓은
천년의 시간

디기탈리스

귀가 달려 있다
한 세계를 이루는 몸이 온통 열려 있다
낮은 풀섶 메뚜기 옆이거나
높은 콘도르 날개에 치받쳐도
동서남북으로 몸이 열려 있다
내 말은
의미의 형체가 없어
너의 목소리에
꽂아둔 시간과 정성에 만족한다

종이 달려 있다
우주를 이루는 몸이 울려 퍼지고 있다
얕은 개울 속 송사리에게나
깊은 산호초 옆 웽이*에게도
한 박자로 달궈진 심오한 파장
내 말은 순간의 색깔이 있어
너의 질문에 꽂힌

대답의 한나절이면 다행이다

귀를 잘라 낸 빈센트 반 고흐
디기탈리스를 마시고 있다

* 웽이 : 흑도미의 방언.

밥은 먹었니

콘크리트 석축 사이
삐죽삐죽 터져 나오는 생명줄이 헐렁하다

동그란 시계가 거꾸로 치닫는다
좁은 틈새로 접혀 들어가는 얇은 종잇장 몸
책 무게가 천 근이다

위로인 양
야무지게
부르튼 입에게 묻는다

얘들아, 밥은 먹었니?

| 제2부 |

석류나무 이야기

부챗살처럼 햇빛 좋은 겨울 오후
참새 열서너 마리
폰을 들이대고 찍어대도 아랑곳하지 않고
목소리만 신났다
한산한 초록 너머로 아이들의 웃음
브이 자를 만들며 찡긋거리던 노오란 나비들
한 장의 사진이 된다
긴 겨울에
죽은 듯 바스러지는 오래된 석류나무
조용히 찾아드는 동화 속 이야기

하나 둘 셋

들풀

개망초
개승마
강아지풀
애기똥풀
현호색
들판을 채우는 풀들

우뚝 선 세상 아니어도
이름표 없어도
어깨를 기대어 산다

초록의 자유로운 이름들

길바닥

12월, 겨울잠을 자야 하는 도시의 길바닥이 파헤쳐졌다 땅이 얼고 인심이 얼고 집집마다 살림살이가 꽁꽁 얼어 이웃사촌은 증발한 지 오래다 바람 피할 집이 없다는데 요깃거리가 없어 굶고 있다는데 여기는 돈이 많다 길바닥이 찜질방이 되었다 다리가 불편한 할아버지 지팡이로 꾹꾹 누르니 발이 세 개다 오호라 있는 자 되어 누리는 권리 더 많아지겠구나

아버지의 바다

주먹깨나 쓰던 젊은 청년이 부모의 그늘에서 벗어나기에 섬은 너무 작고 뭍은 멀었다 그는 늦깎이 공부를 시작했고 자식들을 뭍에서 공부시켜야 한다는 사명감으로 자신의 그림자는 고향에 남겨둔 채 뭍사람이 되었다 바람이 삭지 않던 날 바다 넘어 터덕거리는 황톳길을 왔다던 옹기 항아리들과 유리됫병의 식초는 고향의 물맛을 그대로 품어 감칠맛 나는 보름달이 되었다

뭍에서의 얘기들을 밀물에 맞춰 풀어놓곤 하였는데 물길따라 보낸 시간을 잡을 수 없음에 손에 잡히는 친구와의 웃음은 놓을 수 없어 오늘도 젊은 날 그 패기로 싱싱한 세월을 낚기 위한 페달은 바다로 향한다

작약만 무성하고

그녀의 섬에 자물쇠를 채운 지 두 해가 넘었다

아들딸, 여섯을 두고 남편과 고깃배는 돌아오지 않았고
소라고동에 낙지 몇 마리가 그녀의 일생
해풍에 눈물을 말렸고 갯내음이 밑반찬의 간이었고
고단한 겨울은 자식들 앞가림이 되었다

가 보고 싶은 섬 속의 섬*
닫힌 대문 담장 안에 고들빼기꽃 수런대더니
오늘은 작약이 꽉 차 있다

기억을 놓쳐버린 그녀
요양병원 홑이불로 걸쳐진 채
뜰 안 작약처럼 웃고 계실까

* 연홍도 : 고흥군 금산면에 있는 섬.

겨울 메타세쿼이어

빗나간 과녁에 뼈마디 숭숭해도
반듯하게 속내를 보여야 할 때가 있다

양팔 벌려 듬직하게 보듬어도
묵언수행으로 죄를 털어내야 할 때가 있다

고통으로 타들어 가는 습관들
툭툭 던져내며
우주를 들어올려야 할 때가 있다

때 밀어드립니다

떨떠름하게 식어버린 커피맛이었다가
아이스크림이었다가
바쁠 것 없다는 핑계로
휴식은 필요하다는 푸념으로
목욕탕에 반듯이 드러누워 보는데

'때 밀어 드립니다'

시時의 때가 되어 내게 들어온다
등 떠밀려 난감하던 때
밤새워 들썩거리며 아팠던 때
견뎌도 견뎌도 아물지 않던 때

찬물 한 바가지 시원하게 부으면
훤해질 때 찾아오겠지

때가 되면

시월에

마당을 쓴다
다른 모습들을 쓸어 모은다
싹 틔우던 봄 햇살을 떠올리며
꽃 피우던 현기증에 거친 숨 몰아쉬며
내려놓았던 긴 시간
잎 하나의 흔적을 바라보며
눈동자를 휘젓던 무수한 일상들을 생각한다
채우려고만 했던 욕심의 꾸러미
비워지기도 했던 주머니
바람 따라 바스락거리는 철없는 소란
쉬 떠나질 못해 칙칙하게 드러누운 집착
놓을 수 없는 지금

돌 틈에 맨드라미
찬바람 성깔에도 야무지게 남을 것이다

톡, 혹은 툭 그 너머

나뭇잎 뒹굴면
놓친 젊음 머무는 앙상한 가지 한 켠
톡, 떨어지는 감나무의 향내 그 너머
귀뚜라미의 구애가 시작되면
은밀하게 준비하는 부활의 파노라마
툭, 떨어지는 풍경 그 너머로

기억의 시간이 잠들고
추억의 시절이 묻히고
내일의 지금이 익어가면
단맛 든 이 가을을 사랑할 수밖에

천년을 사는 법

암호 해독력을 가진 매미
온몸으로 우주를 향해 교신하더니
폭염이 퇴각하였다

구름은 아이의 달콤한 솜사탕이거나
양 떼의 산책길이기도 하더니
한순간 차갑게 밀려드는 성엣장이 되어
파란 바다를 이뤘다

석양빛 구름은
뜨거운 쇳물을 달구는 용광로이거나
화산의 용솟음치는 분화구이더니
불새로 날아올라 화살촉을 세웠다

천년이 그렇게 흘렀다

군대 가던 날

포항 가는 길
어릴 적 귀염 떨던 불국사 한 바퀴 돌았다
푸른 하늘이 기왓장 아래 서늘하다

천년의 숨소리
굴곡진 소나무 아래 스무 살 아들과
빗질하는 수도승의 이른 참선이 낯설다

가족사진을 찍었다
흘러가는 초침까지 감지하는 듯
이어폰이 손끝을 타고 내려온다

까까머리를 지키던 모자에
네 모습이
오래도록 남았다

잡초

쌈 채소 사이를 기웃거리다
군데군데 자리를 잡고 내려앉는다

너는 씨 뿌려 살아라 하고
나는 씨 뿌려 살려 하고
땅 한 조각 나눠 뿌리를 내렸건만
더 좋은 거름 있다더냐
더 좋은 햇볕 있다더냐

너는 되고 나는 안 되고
너는 사랑받고 나는 버림받고

갈비찜

갈라진다 부딪친다
뒤틀린 심사는 자식이라도 서먹해진다
아이는 양 날개가 뻐근한 걸까
갈비찜이 먹고 싶단다

갈비는 나의 응어리
가슴 쓰리게 하던 생채기 양파로 날려버린다
당근은 각을 내고
통증에 가슴 아리게 했을 마늘들
간장 설탕 참기름으로 치유한다

명치 끝 숨 고르기 수월하다

향일암 동백

돌계단 오르다

석문을 여니

여리디여린 여승

범종에 몸 실어

발원하고 있다

개나리 날아오르다

세월호
그날 이후
깊은 어둠에 발목을 잡힌 채
애간장이 녹아내린 눈물

흉물스런 땅 위
매연을 토해내는 헛구역질
시꺼먼 개나리들

흔들리는 가위 손
찢기고 헐거워져도 꺾이지 않는다
조용히 일어서는
비장해서 간결한 나비의 날개

존엄하다

아따 봄잉께!

바람 들어 붕붕 이 꽃 저 꽃 찾아 헤맨다고 시비 걸지 마소

향기에 취해 밤낮 사랑타령 한다고 미쳤다 마소

한두 번 뒤집어진대도 홀딱 벗은 꽃보다 더하겠소

난데없이 팔짱 끼고 꽃구경 가잔다고 어이없다 마소

울 집 백구도 살 떨리는 향내 쫓아 목줄 풀고 줄행랑쳤다오

| 제3부 |

목련

나는 교회 앞마당에 사는 목련인데요
누구는
내가 그곳에 서 있는지 알았을까요
또 누구는
기도 손으로 꽃을 피우는지 알았을까요
어떤 향기가 나는지 알고 있었을까요
그리고요
무슨 소망이 있어서
항상
선 채로
기다리다
결국엔
복장 터져
흩뿌려져 검게 타들어가는지
알고 있었을까요

유기遺棄되다

어미개 한 마리를 데리고 왔다
어린 새끼를 잃어 아물지 않은 상처들
중성화 수술로 보듬었다

'불면 날아갈까 쥐면 터질까'
한 생에게 오롯이 내어 주고 의지하는 일
꼬리로 비위를 맞추는 일은 아닐 것이다

요양병원으로 거처를 옮긴 이모님
희끗희끗한 어제를 뚜렷하게 소환해 내는데

"냅둬라 그냥"
"냅둬부러라 그냥"

초점 잃은 한마디가
세상 너머로 유기되고 있었다

가을에는

강렬한 한두 송이 꽃보다
경쾌한 하늘이 빛나는 어울림이 좋다오
지나가는 바람결
눈이 부셔 찡그리는 햇빛이 좋다오

쑥부쟁이와 순백의 구절초
바람길을 알려주는 코스모스의 경건한 자세
뒹구는 낙엽에도 차례는 있다오

감 석류 은행 담쟁이 잎
알싸하게
가을이 온몸으로 들어온다오

공기놀이

다섯 알 공기의 이야기를 담는다

공기 하나
초등학교 시절 고갯길 너머 엄마를 먼저 보낸
가난한 친구 얼굴이 출렁거린다

마주 앉은 공기 둘
중학교 때 만난 단짝의 몸을 짓누르는
끝없는 삶의 무게가
자갈길마냥 서걱거린다

앞다투는 공기 셋
창살 없는 감옥 속에서도 바람처럼 자유롭던
여고시절의 웃음소리
가을 산책길처럼 편안하다

움켜 진 공기 넷

캠퍼스를 휘감고 돌던 당돌한 미래가
탈출구만을 쫓는
사냥개마냥 지쳐있다

손등에 올라탄 공기 다섯
내가 세상의 중심이니
흔들리지 말고 살아가란다

갱년기 살구

바뀌는 철마다
한쪽 귀퉁이만 차지하는 옷가지마냥
존재감 없이
그냥 나무인 채로 살아가는데
냉랭한 길가 시선과
청아한 흰 결 매화에 밀려
설움이 북받치면
뜨거움 달아올라
후끈한 화원華院 되네

옹이

엄지발가락 옆의 무디어진 훈장은
삼백육십오일 발보다 앞서 논밭에 가 있었다

흥에 못 이기는 잔칫날에는
어화둥둥 장단을 맞추고 있었다

서럽고 기쁜 소식에는
바람에 앞서 굽어진 들길을 휘돌고 있었다

몸단장한 장날에는
싱싱한 푸성귀들을 한가득 품었다

문신이 되어 돌아오는 농사철이었다

까치산鵲山* 이야기

바람길 따라 작산 마을에 들어서면
장작 패는 소리에도 의연하다

밤낮없이 찾아들던 어지럼증과
그림자처럼 잡지 못한 꿈과 사랑은
소문에 털어 보내기도 했는데
끝내 저버리지 못한 건 밑동에 터 잡은
철없는 핏줄

군불 태워 뜨듯하고 토실하게 키워낸 자식
여수 쪽만 바라보며 애태우더니
바람 따라 흘러가 버렸다

신덕 갯가 물안개 넘어오는 날이면
울퉁불퉁 늙은 가지마다
가지런히 발맞춘 까치 울음소리

목청 높아 안타깝다

* 여수시 상암동 동북 끝 223m의 산, 그 아래 작산 양지·음지마을이 있다.

그녀의 시간

상수리잎처럼 푸석거렸다
굽은 몸이 아담해서 언 밭 시금치처럼 돋아나기도 한
혼자 사는 그녀

빛 속에 숨어 사는 그림자
고요한 통증과 어두운 적막을 먹으며
해 넘긴 달력 첫 장에서 어제의 시간으로 버티고 있다

시간을 잊고 사는 것인지
사는 걸 용납하지 않는다는 것인지
형광등이 깜빡거릴 때마다
굽은 허리를 펴느라 바닥을 뒤집곤 한다

두둑 밭고랑에 알알이 새겨 넣어 놓았을까
삐걱거리는 손마디가 일궈낸
그녀의 길고 긴 호흡법

소풍

생전 유랑流浪을 좋아하시니
그 뜻 받드신 어머님
백릿길 불사에 모시었다

하늘 아래 앉은 잔솔가지에
묵직한 날개 내려놓고
입춘 지나 봄 같은 느지막한 겨울

단무지 당근 달걀 시금치 신김치 우엉에
맛살 보태어
옆구리 터지지 않게 단단히
결속의 효를 챙겼다

눈이 내린다
올해도 풍년 들겠다

형제묘*

하늘의 선녀들이 내려왔데요 따뜻한 춘삼월에 마래터널 지나 만성리 가는 햇살 좋고 바람 잘 드는 바닷가 산기슭에 내려왔데요

나비 제비 참새 까투리 갈매기 쑥 부추 달래 민들레 개망초 두루두루 불러 모아 꽃 피우고 노래 부르고 신명 나게 춤사위도 벌이고 바람을 막아주었데요

찬바람 된서리 내리기 전 부모 형제 만나 배불리 먹고 날개옷 품에 들어 하늘로 올라갔데요 서럽고 원통해도 웃고만 살았데요

* 형제묘 : 여수 만흥동의 여순사건 희생자 암매장지.

비문碑文

죄인이었다
땅에 새기고 가슴에 새기고
바람과 물줄기 따라 굽이굽이 새겨도
네 어미 가슴에, 네 애비 목젖에 차오르는
한恨은 어느 세상에 새길까

이제 마주 선 70년
피비린내 총칼이 아니었대도
작심하고 겨냥하는 손가락질이 아니었대도
모두 방관자였다

분노는 비문으로 남았다
구곡간장 굽이마다 돌부처 하나 올리는 일
탑돌이 여정이 아직 멀기만 하다

금낭화

별이 좋은 섬에는
기다랗게 말랑거리는 바닷길이 있는데
알싸한 석양빛 유혹에 젖어들어
스르르 모래알이 된다
꽃에게 반한 제페로스*는 향기에 숨죽이고
사랑을 놓친 정령은 동화 속 이야기를 만드는데
파랑새를 만난 클로리스*는 주렁주렁 연분홍 주머니를
옆구리에 찬다

동그랗게 기다리는 시간
직선으로 치닫는 뱃고동 소리
꼭
봄이어야만 했다

* 제페로스 : 그리스신화의 서풍 신.
* 클로리스 : 꽃의 여신.

날지 못한 연緣

영취산 한쪽 갈비뼈가 방패연을 닮아 있다
풀지 못한 인연이 하늘로 올라
뭉게구름이 되었을까

간다고 하는데
흔적을 남겨두고 흘러가 보는데
기껏해야 한 발치 두 뼘
움직이지 못한 몸
연분홍 치장으로 분 냄새 풍겨보고
햇살에 볼도 비벼보는데

날아가지 못한 인연
날지 않는 연
잡고 있는 줄만 놓으면 될 일인데

소나무와 오리나무 어깨에 걸친
속내를 통 모르겠다

부부夫婦

바람이 산새 소리에 맞춰 리듬을 실어주고 햇살은 나무를 타며 한가로울 때 예초기의 남자는 세상을 혼절시키느라 바쁘다 호미 든 여자는 시인이 들려주는 다른 시인의 이야기에 쫑긋거리며 잡풀의 뿌리를 캐낸다 풀을 자르는 남자와 풀뿌리의 흙을 털어내는 여자는 공간의 침입자를 제거하기 위해 열심이다 늘 같은 곳을 보지 않던 두 사람 바람과 하늘과 별을 다독여 꽃으로 환생하겠지

섬

밤낮의 경계가 드러나지 않는 물거품
날렵하고 매끈하게 유영하는 몸짓
발등의 비밀은 안개 너머에 잠재우고
바람의 그림을 그대로 내려 앉혀 탁본을 뜨는데
깊이와 넓이의 어울림을 힘주지 않고 보듬는 그림자
어둠으로 포위된 검은 비가 내리는
출렁대는 뿌리에서
홀연히 솟구친 희멀건 아가리
높은 산을 탐하듯
숨을 멈추어 잠시 포효한다

어둠이 밝다

유행가 사랑

여수행 신부네 하객 관광버스 안
40년 살아 온 부인을 둔 사촌 큰아버지
노래 몇 곡으로 러브스토리 대 방출하신다

약속한 사람을 만나지 못해 마음만 녹고 녹였다는 눈 내리는 '안동역'
사랑의 마침표를 눈물로 찍고 연기처럼 영혼을 앗아가 버린 '옥이'는
젊음과 영혼을 엮어서 사랑했던 '연상의 여인'이다
한번 잡은 마이크 건넬 줄 모르고
'오동잎'으로 자신의 처량함을 노래하더니
그 시절 추억이 온다 해도 '사랑만은 않겠어요' 라며 마이크를 넘긴다
그런데 이분 딸 다섯에 손주가 아홉이다

마이크가 돌고 돌아 부인의 선곡은 '당신이 최고야'
처음 만난 그 순간 내 반쪽이란 걸 알았다는

지고지순 그 콩깍지를 어이 할거나
2절에 마이크를 받아 든 방전된 목소리의 회갑 지난 사내
행복하게 멋지게 아낌없이 내 모든 걸 다 줄 거라며
당신이 내 반쪽이란 걸 이제야 알았다네

| 제4부 |

불나방

쿵 하는 소리
불을 쫓는 간절함이다

앞차의 후미등
몸과 맘은 뒤로만 가고
길 들여진 사냥꾼
터널 안 먹먹한 진공
한숨과 더불어 끝없이 쫓아가는 불빛
불타오르는 욕망 속 자멸
지울 수 없는 유리창의 파닥거림

엄나무꽃

겹겹이 칠이 더해가는 녹슨 대문에 갇혀
때를 잊고 지낸 어느 날
봄놀이의 주인공이 되었다는 진달래와
사철 향기를 품고 산다는 서향나무
허리춤에 유혹을 끼고 들어왔다

이제
작업 시간이 되었다
온몸은 가시로 무장 하고
봉긋하던 어린잎은 기지개로 지붕 만들고
봉글봉글 안테나를 세운 산호 모양의 꽃
연락망은 충직한 부전나비가 맡고
투쟁은 장수말벌을 동원할 것이나
전쟁은 원치 않는다
차가운 독선은 거름으로 썩히고
땅속 쾌쾌한 자유는 바람의 전설이다

멈추지 않는 프로펠러

엄나무꽃

꽃밭

바다를 품고 경작하며 살아오신
섬사람

동트기 전부터
파도의 울타리 건사하신
섬사람

오늘에야
아버지의 바다
그곳이
꽃밭인 걸 알겠습니다

그놈, 잡았다

어디서부터 뒤틀렸을까
압력을 이기지 못한 왼팔이 뻣뻣하다
반복되는 어지럼증에 시달리다
팽팽한 날을 세우고 멈춰 선 시계
바늘로라도 뚫어줘야겠다

이번엔 오른팔이다
가위눌린 육신을 깨우는 고공의 번지점프
중력을 놓치면 추락이다

그루터기로 앉아
온밤을 쥐어짜며 촉을 세운다
뼛속까지 언어의 가시가 꽂히는
염원의 소용돌이

그놈, 잡았다

돌쫑지*

1990년 중반까지
둔덕삼거리에서 가파른 둔덕재를 넘다 보면
검문소의 흔적이 장승처럼 우뚝 서 있었는데
늦은 밤, 섬뜩한 형상이 겹치거나
어깨의 쭈뼛거림에 뒷목이 오싹해지면
자동차의 문이나 실내를 확인하곤 하였는데
소소한 바람소리로
눅눅하고 처연한 빗소리로
주파周波를 보내고 있었던 것인데

1998년 10월 12일
호명마을 돌쫑지 깊숙한 계곡
여순항쟁 50주년에 맞춰
민간인 학살 피해자 암매장지를 최초로 발굴했다
불법적인 학살이나 암매장은 없었다는 거짓된 권력이
동백꽃 울음 앞에 하얗게 밝혀지던 날
여순반란이 여순사건이 되는 공론화公論話가 피어 올랐다

숭숭하게 지워져 가는 기억 속에서
떨쳐내지 못하는 뜨거운 울분들
침묵을 깨고 일어나지 않으면
목 놓아 울고 있는 진실의 통증은 누구의 몫인가

* 돌쫑지 : 상암동 호명고개의 옛 이름.

하얀 민들레

아름다운 계절을 꿈꾸는 자
거친 땅에 뿌리 내릴 수 없는
뿌리 잃은 꽃잎들

소름 돋는 긴 악몽의 시간
휘몰아치는 피바람 속
턱 턱 목을 죄는 군홧발 소리에
타는 가슴의 마른 기도

청춘은 붉어서
뜨거운 함성이어서

나란히 친구가 된 비석들
민들레 홀씨로 날아오른다

담보 없는 신용

마이너스 연장 신청을 하러 은행에 간다
살림한다고 쓰고 다니는 건 나다
소처럼 우직한 당신은
내용은 읽지도 않고 서명란을 채워가고
은행을 믿고
나를 믿고
국가를 믿고 시키는 대로 이름을 써 내려가는
쳇바퀴의 다람쥐

앉아있는 뒷모습의 어깨
군데군데 흰머리는 이제 새치가 아니다
구부정한 등허리 사이 자식 셋이 서 있고
나는 당신에게
당신은 내게
얼마의 담보물이 되어 버티고 있는가

노구老軀

차갑게 달려드는 밀물에 둥 둥 둥
빈 어구 숭숭한 구멍 사이
바람만 지나간 것이 아니었다
진득한 갯벌 속 낙지 한 마리 잡아올릴 때나
서걱거리는 모래 속 바지락 캐고
돌 틈 깊숙한 문어와의 한판 사투에도
떠밀려온 반쪽 스티로폼처럼
퍼석거리기 시작했다

집 떠난 자식 걱정에
굴 딱정이마냥 생채기 난 가슴
야위어 가벼워져 가는 몸이
뿌리로 견디며 고개 내민 톳처럼
연락선 기적소리에
보고픈 설움을 꾹꾹 누른다
얼굴에 피어난 검버섯처럼
바위에 달라붙은

거북손 따개비 고동을 떼며

오늘도 견디자
오늘만 견디자
쓸어가는 썰물에 갯바위 잡는 손이 아프다

담장 위 고양이

길가 모퉁이
생을 뒤적거린다고 흘겨보지 마라

볕 좋은 나뭇가지 위나
바람 잘 드는 담벼락 위
사색의 후미진 구석도 선택은 내가 한다

매끄러운 털 속
세련된 나의 손톱을 잊지 마라

영취산 진달래

바다 건너 남해 부드러운 물결
신덕 갯가에 닿아 아낙들 옷이 얇아지면
영취산 발가락이 간질간질하였다

만성리의 새초롬한 바람
흥국사 넘어 온 해 한 움큼 모아
상암천으로 가는 젖가슴의 온기를 모아
봉우재에서 여러 날 꽃물을 들였다

거센 비바람과 안개의 훼방은
더 붉은 사랑의 묘약을 만들었다

골명재 넘나드는 서늘한 바람 속
핏빛으로 타들어가는 잎에서
다음 생의 노둣돌을 보았다

서툰 길

비는 내리는데
날벌레들 빛을 쫓아
가로등에 모여든다
허황한 바람은 들썩이고
쏜살같이 차들은 목적지를 향하는데
물 댄 논 개구리마냥
그날의 기억 하나 잡고
빛을 삼켜버리는 어둠 속에서
긴 시간 기다린다
처절하게 진실을 부정하며
간절한 변명을 생각해 본다
지켜주지 않는다는 것
지킬 수 없다는 것
땅이 축축해지고
길은 지워지고
물길이 새로이 난다

밤이 지나고 나면
새로운 길이 생기겠다

아침 아닌 아침

12층에서 내리 뵈는 4차선 도로는
힘겨루기가 시작되는 삶의 가지들
재촉하는 밥을 먹고 출근하는 아비의 아침을
조잘대는 아이들의 웃음꽃 피는 밤을
기억하고 있다

너는 아침에
나는 낮에
또 다른 너는 밤에
주섬주섬 졸린 눈 비벼가며 각자의 아침으로 뛰어 든다
현장에서 밤샘 작업하는 네겐 저녁이 아침이고
아이의 학원비를 벌겠다는 어미에겐
깊어가는 밤이 두 번째 아침이다

각자 자고, 생각하고, 행동하는
그러면서 어울리는 세상
참으로 신통한 생체리듬

익숙한 최면

집 나서기 30분 전
챙겨나갈 것에 대해 생각한다
가방과 휴대폰
그리고 시집 한 권

운전하고 가다가
아
또
잊고 가는구나

후웃
생각났으니
치매는 아닐 거야

선암사 뱅뱅이

몸이 자그락거리며 운다
바람이 왔다 갔는지 풍경소리 일어나고
낮은 담장 들고나는 꽃향기에
마음의 고요 무너진다

봄을 시작할 때는
뽀얀 선암매보다 더 크게
벚꽃 잎보다 먼저 동그랗게 벙그러지고
여름을 놓쳤을 때는
꿀렁꿀렁 물소리보다 더 크게 각을 세워 울었다
가을산 보리밥집 댓잎 띄운 사발에는
사는 이야기나 새 소리 바람소리는 넣지 않았다
신발 굽 닳아진 모양새나 희끗한 머리카락 몇 개
휘어가는 엄지발가락만 다독거리면 되었다
허기진 몸이 축축 내려앉아
등줄기 곧추세워 하늘 보고 싶을 때
만나자

산책가자
조금만 걷자

매화 벚 수련 은목서 은행나무 소나무 대나무
두꺼비 돌탑 약수 물소리 웃음소리 바람소리
황톳길 돌아 편백 숲에 이르면
팔짱 단단히 낀 세 여자
뱅뱅뱅
담에 또 오자

연홍도

이
섬에는
사람이 사람으로 서 있지 않는다
허리 굽은 어르신이거나 내 고모님이거나
사는 집이거나 비어있는 바람이거나
삼백 년 된 팽나무이거나 코스모스이거나
파닥거리는 숭어이거나 멸치이거나
어슬렁거리는 강아지이거나 고양이이거나

오래 된 고추장 된장마냥
갯바위에 눌러붙은 불가사리
검게 그을린 얼굴 위 깊은 따개비
폐교의 빛바랜 이순신 장군마냥
큰 칼 옆에 차고
젊은 날 바다 속 유영을 지키기 위해
하얀 석회질의 곰삭은 것들이
듬직한 사랑으로 서 있다

섬 속에서의 섬은
파드닥대는 비늘구름 속 만선의 돛을 보듯
숨겨놓은 보물을 은밀하게 확인하는 일이다

수수꽃다리

긴 기다림이었다
바닷가를 쉬 찾는 이는 없었다
꿈꾸는 것은
밤하늘에서처럼
늘 찾아 헤매는 눈동자 하나
긴 꼬리표 유성의 자리도 매번 같았다
바람이 안부를 묻고
파도가 안부를 전하는 사이
그 사이
뱃고동이 순서를 꿰차고 가늠하는 사이
그 사이
한 번의 설움이 닻이 되고
한 번의 눈물이 배를 띄우는 그 사이
기다림이 얼굴에 채워지는 그 사이
하늘의 별이 내려앉았다
조용히
바다를 응시하고 있었다
가득한 그 사이

|해설|

시적 사유로 천착한 풍경 속 전언

-김숙경의 시세계

박철영 시인·문학평론가

김숙경 시인의 첫 시집 『바람이 사는 집』을 만났다. 그 안에 빼곡하게 들어찬 세월 속 시간의 분신들을 본다. 하나의 음절이 모여 온전한 문장이 되듯 사람이 살며 보고 듣고 지낸 유려한 흔적이 고스란히 형상화하여 세상에 없던 삶을 드러낸다. 그 안은 온통 우리가 몰랐던 존재에 대한 고민들이 혼종되어 있다. 그래도 생존을 위한 치열한 고투를 극복하고 완성된 정념이란 것을 안다. 말하고 싶지만, 다 말할 수 없는 현실이 한계였다면 언어로 형용할 수 있는 범위를 극복하려는 비대칭적 욕망은 많은 인내가 필요한 것이다. 삶의 일상으로 다가온 현상들을 단순하게 보지 않고 우리가 살아가는 시대 인식으로 천착하여 시인이 추구한 상징적인 질서로 포착해낸다. 시인은 글을 쓰기 전 바라본 사물성에 대한 감각적 순간을 직관으로 흡입한 궁극적 사유로 활용한 경우가 많다.

김숙경 시인의 시적 바탕이 된 삶의 시간은 부모님으로부터 연원한다. 부모님이 살아온 긴 세월도 시인의 성장 속 근원이 된 소중한 시간이다. 시는 삶의 지향과 평소 인식하고 있는 관점에서도 닮아간다. 그 지점은 시간과 환경에 따라 쉽게 달라지는 것이 아니다. 지난 시간 속에는 우리가 분별해야 할 긴장된 경계가 존재한다는 것이다. 종종 반복되는 불합리한 사회 현실에 대한 각성은 시인 정신으로 극복해야 할 올곧음과 상통한다. 따라서 실존에 대한 고민 없이 비합리적인 가치로 치부해 버린다면 그것 또한 매우 황당한 일이다. 그런 왜곡된 문제점을 냉정하면서 단도직입적인 인식으로 형용한 문장이 행간을 이룬다. 그것이야말로 김숙경 시인의 올바른 가치관이고 사회가 추구해야 할 지점이란 것을 제시한다. 그뿐만 아니라 우리가 살아가는 삶의 영역으로 반사되는 풍경 속 지명에 대한 인식도 평이하지 않다. 인간 중심에 대한 질문의 저의底意가 도달하고자 하는 지점은 과거사로 치부한 문제까지 포함된다 해도 당연한 것이다. 아직도 화해되지 못한 '여순 사건' 때 자행된 국가 폭력과 여수국가산단[1]에서 유출된 공해로 인한 생태환경을 주시하고 있다. 남들이 불가능하다고 말한 지점을 가능한 지점으로 바라보는 긍정은 미래까지를 담당한다. 현재는 미래의 과거가 된다는 관점에서 시어 속 순정한 언어로 완성된 음절의 조합은 문장의 절제를 실현하려는 김숙경 시인의 문학적 고뇌를 여실히 보여준다. 따라서 현실을 시적으로 현현한 사유가 진정한 문장의 집약이라면 아름다움과 상통한다. 다시 시적 근원인 여수 바다로 다가가 보자.

> 어머니는
> 다 닳은 얘기를 어제 일처럼 되풀이하고
>
> 나는
> 뒷얘기 꼬리에 장단을 맞춰 거드는 시간
>
> 바다를 만져본다
> 뜨거움이 솟구친다
> 따뜻한 생
>
> —「어머니의 바다」 부분

1) 여천화학단지에서 유출된 유해 환경에 지속 노출됨으로써 주변 생태환경 악화를 초래함.

몸을 통한 교감과 전언적 공감이 있다. 전자는 감각에 의한 것이고, 후자는 정신적 몰입을 통해 발현된다. 두 가지 특징은 확연하게 구분할 수 없어 모호성으로 이해될 수 있다. 연어가 대양을 가르며 찾아간 곳은 태어난 모천이다. 타고난 본능의 실현을 위한 시기는 다 자란 연어만이 가능하다. 마찬가지로 어머니란 근원을 향해 다가가려는 의지의 본능도 연어와 다르지 않다. 어머니가 기억한 과거의 시간을 현재화하면서 모녀라는 상관성을 강화시켜 준다. 어머니가 들려준 풍경은 낯설지 않다. 그렇다고 귀에 쏙 박히는 것도 아니다. 갈수록 희미해진 어머니의 전언적 주문들이 잔잔한 음정처럼 화자에게 다가온 것이다. 생애 전부가 각인된 표정에서 배열된 어머니의 가슴속 이야기가 전언을 통해 공감을 이뤄간다. 해무가 느릿느릿 덮여오는 바다를 보며 어머니는 박자라도 맞춘 듯 풍경 속 과거를 되짚어간다. "해무가 보드랍게 차오르면/아다지오Adagio로 바다를 연주하는 가랑비/파랑 지붕의 조명에/방파제 전봇대는 음표가 된다"는 풍경은 현재를 가리킨다. 해무가 낀 바다는 고요하거나 완만한 파랑만일 것이다. 심한 파도나 바람이 불면 해무는 어디론가 떠밀려 사라지고 만다. 어머니는 살아온 일들을 회상하면서 독백처럼 읊조리길 반복했고, 눈빛은 바다를 떠나지 않는다. 산

더미같이 밀려오던 파도에 맞서 여윈 몸으로 견뎌온 어머니였다. 고통스럽던 긴 시간을 가슴에 간직한 어머니가 나이 들어 할 수 있는 것은 '아다지오'보다 더 느린 음표를 그리며 완만해진 시간 속을 바라보는 것이다. 살아온 터전이 바다로 집약된 생의 지난함을 잊을 수 없다며 바다를 한없이 응시하는 어머니다. 한적한 바닷가 푸른 지붕 안에서 새어 나온 불빛이 전부인 밤이다. 간간이 바다에 파도가 일어 수평선을 깨트리면 홀로 서 있는 전봇대가 출렁이지만, 그에 맞춰 조응하는 바닷가 풍경은 안온하다. 그래도 바다는 바다다. 그 속을 뒤집으며 지나가는 배가 작은 포물선을 그린다는 바닷가 이야기는 계속 이어진다. 구부정한 할멈과 흰 개가 지나가고 있다. 바닷가는 만선의 깃발을 달고 들어오는 배를 기다리며 홍청대듯 북적여야 맞다. 하지만, 그런 좋은 시절 한 번 제대로 만나지 못한 어머니의 바다는 그리움만 애틋해졌다. 대사는 같아도 음감音感은 매번 달라진다. 시간은 공간에서 멀어져도 모녀가 공유한 추억을 되풀이해 재현할 수 있다. 하지만, 되돌릴 수 없는 안타까운 생의 서사도 끝이 있는 연극무대처럼 시간이 무한하지 않다. 그렇다 쳐도 어머니가 간직한 바다는 영원히 기억될 것이다.

시 「상암동 사람들」에서 보여주는 상황은 녹록지 않은 현실을 말해준다. 사람들이 살아가는 터전은 하루아침에 들어선 곳이 아니다. 오랜 인연으로 알게 모르게 찾아들어 좋은 집터를 골라 심사숙고해 지은 집이다. 하지만, 여수국가산단이 국가 주도로 급속히 조성되면서 생산 시설 투자에 대한 가성비에 중점을 두고 설계된 차이가 있다. 결국 인간의 삶과는 별개인 기계 장치 산업의 효율성이 가장 중요한 항목이었다. 화학단지가 들어서면서 영취산 근경의 "웃바구, 모여 사는 남촌 북촌 진례 읍동 당내마을/골짜기마다 자귀나무 넘쳐났다는데" 사십 년 지나 그 많던 자귀나무는 사라지고 산 능선에 남은 진달래가 전부다. 주민들 항의가 이어지자 내놓은 이주 정책은 사십 년이 지나서도 요원한 무소식이다. 그곳을 삶의 터전으로 살아가야 하는 '상암동' 사람에게 매일매일은 고통인 것이다. 이제 그런 시간도 더는 견딜 수 없도록 악화된 환경에서 얻은 것은 호흡기 질환에다 언젠가는 보상될 투기성 "철제건물들이 야금야금 들어서고/괴괴한 욕심 연무에 섞여 녹슬어 가는 영취산 앞마당"엔 한탕 심리만 판치는 사람들로 멍들어가고 있다. 지엽적인 문제를 제기한 것 같지만, 알고 보면 그 범주는 유별한 것이다. 천인천색이란 인간이 갖는 사고의식의 다양성을 일컫는 말처럼 김숙경 시인의 시편들이 지시하는 시의성詩意性에 주목해야 할 지점은 '나'와 '너'로 분화된 사회관계 인식을 '우리'라는 공동체 의식으로 환기 복원하려 한 데 있다. 시인이 제기한 문제가 우리가 안고 있는 현실이란 것이다. 우리의 삶이 봉착한 공동의 문제란 것을 각성하게 한다.

> 하늘이 내렸다는 섣부른 오해가
> 길을 막아 버리고
>
> 허망의 늪에 빠진 그대
> 공포의 벽에 싸여 피비린내 씻어냈다
>
> 긴 모가지 구슬픈 눈빛
> 바다에 드러눕고
> 뭉툭한 손으로 새겨놓은
> 천년의 시간

—「소록도」 전문

섬이 갖는 이미지는 외로움이자 이상향적인 순수함을 연상하게 한다. 소록도도 그와 다르지 않은 섬 중 하나다. 많은 섬이 제 나름 특징을 살려 지명을 이루었듯 '소록도'도 사슴을 닮은 형상을 띄고 있다. 그런 섬이 어찌하다 보니 오욕의 섬으로 각인되어 버린 적이 있었다. 갇힌 긴 시간이 역사

속으로 흘러갔고 뭍사람들과 멀어진 뒤 그 안에 갇힌 사람들은 철저히 사육되듯 통제되어 인간의 존엄과는 멀어져 갔다. 인간성의 상실은 존재 그 자체를 부정하게 되는 치욕 같은 절망으로 변질된다. 그것도 강압된 물리력 앞에서 인간으로 살아갈 권리를 박탈당했다. 오로지 살아 실재한다는 의미 외에 인간 이하의 대우를 받으며 관리되기 위한 존재에 불과했던 사람 아닌 사람이었을 뿐이다. 이미 밝혀진 사실이지만, 일제 침략기에 강제로 격리된 한센병 환자들의 수용시설로 시작해 이후 온갖 만행이 이루어졌던 곳이다. 그 억울한 역사의 시간을 견디고서야 세상과 교통하는 섬이 된다. 김숙경 시인도 그곳을 찾아 역사적인 시간을 거슬러 가다 슬픈 흔적을 목도했을 것이다. 소록도에 가서야 깨닫게 된 "하늘이 내렸다는 섣부른 오해가/길을 막아 버리고"라며 말문을 닫고 호흡을 멈춘다. 사실 그곳의 시간을 되짚어보면 가슴이 답답할 수밖에 없다. 비명과 통곡으로 점철된 흔적들을 가리기 위해서였을까? 진입로부터 멋있게 조성된 소나무들을 따라 안쪽으로 들어가면 기암괴석으로 조성된 공원을 에워싼 울창한 나무들이 한센병 환자들의 피와 땀을 착취한 결과물이란 것을 알게 된다. 철저히 인간적 삶을 갖지 못하도록 강제한 사실들은 가슴이 아파 더는 거론할 수 없다. 김숙경 시인은 "허망의 늪에 빠진 그대/공포의 벽에 싸여 피비린 내"라고 말하면서 "뭉툭한 손으로 새겨놓은/천년의 시간"처럼 슬픈 한하운[2] 시인의 심정을 대신 술회하고 있다. 한 끼의 밥은 생존으로 직결된다.

콘크리트 석축 사이
삐죽삐죽 터져 나오는 생명줄이 헐렁하다

동그란 시계가 거꾸로 치닫는다
좁은 틈새로 접혀 들어가는 얇은 종잇장 몸
책 무게가 천근이다

위로인 양
야무지게
부르튼 입에게 묻는다

—「밥은 먹었니」 부분

밥과 연관 지어 생각한 발상이 재밌다. 한 끼의 밥은 생존을 위한 중요한 수단이다. 밥그릇을 앞에 놓고 '게 눈 감추듯 먹어 치운다'는 묘사는 먹는 것에 대한 욕구를 잘 보여준다.

2) 한하운 시인은 한센병을 앓아 소록도에 수용됨. 이후 절망적인 현실을 극복하기 위해 시를 쓰기 시작했고 대표 시로 「보리피리」가 있음.

같은 욕망이라도 품위와 격식을 가리는 식사 예법도 있다. 충분히 시간적인 여유가 있을 때로 허례허식 같지만, 그럴 만한 환경에서는 가능한 일이다. 그런데 체면이고 뭐고 가릴 것 없는 상황이 종종 현실에서 발생한다. 몇 끼니를 아예 못 먹어 절박함이 극에 달해있다면 상황은 달라지는데 '밥은 먹었니'라는 풍경은 배려와 연민이 주조를 이루고 있다. "콘크리트 석축 사이/삐죽삐죽 터져 나오는 생명줄이 헐렁"한 상태는 마치 공무원 시험을 준비하고 있는 '딸'의 모습으로 오버랩 되면서 가슴 울컥한 심정이 전이되면서 시적 상상력으로 환치된 것이다. 밥도 걸러 가며 무거운 책을 펼쳐놓고 서울 도심의 도서관에서 힘든 공부를 하고 있을 딸아이를 생각한 것이다. '헐렁'하다는 생경함을 '퀭한' 이미지로 연상하게 하면서 비대칭적 모호성을 보조해준다. 순간적으로 포착한 풍경 속 사물을 시적 대상으로 환기해내는 찰나를 직관적 감성으로 잘 발현한 것이다. 사실 식물이 건강하게 성장하기 위해서는 풍부한 토양과 생장에 필요한 영양소가 필요하다. 그런데 콘크리트 석축 좁은 틈에 뿌리내린 식물의 영양 상태가 좋을 리 없다. 하지만, 발현한 시적 상상력은 거침없이 한 끼의 '밥'이란 의미로 이미지리imagery화 한다. 시적 상상력은 여기에서 그치지 않고 간극의 층위를 더 넓혀간다.

밥과 시간을 중요한 의미 관계로 함의케 한다. 시간에 비례해서 배고픔의 강도가 가중되듯 "동그란 시계가 거꾸로 치닫는다" 는 발상을 통해 역 시계의 방향성을 고통의 긴 시간을 강화해주는 의미로 활용한다. 김숙경 시인의 눈을 통해 잠입한 시적 감상이 감동에서 그치지 않고 확장으로 이어질 수 있는 상상력이 또 다른 국면을 맞이한다. 먹고사는 것과 다른 의미의 절박한 상황도 있다. 밥의 의미가 "좁은 틈새로 접혀 들어가는 얇은 종잇장 몸/책 무게가 천 근"으로 변주된다. 화자가 감당한 고통은 콘크리트 석축 사이에 낀 식물의 식욕과는 또 다른 문제로 버금간다는 의미를 부여한다. 이 시가 범주를 흔들어 상상적 외연을 충동질하는 것은 "야무지게/부르튼 입"에게 묻는 어조에 있다. "애들아, 밥은 먹었니?"라는 말은 고시 공부에 전념하는 딸 아이의 애틋함에서 비롯되었지만, 궁극에는 치열한 삶의 단면을 말하면서 한 편의 시를 쓰기 위한 치열함과 고통의 시간을 배고픔으로 환유한 언어 활용은 확장적 변별성까지 충족해준다. 시인으로 살아간다는 것의 심정적 고통도 그와 다르지 않다.

「시는 나에게」에서 시심을 모으는 순간을 담아내고 있다. 시는 고요한 상태에서 이뤄진다는 것을 이렇게 말하고 있다. "문득/혼란이 멈추고 질문이 찾아들던 그 순간/비켜 앉은 자리에서 지그시 바라보았다"며 시적 상상력이 침투하는 과정을 설명해준다. 이어 호흡마저 멈추며 잠시도 마음을 놓을 수 없는 긴장의 수위는 높아만 간다. "온전히/지금이 아니면/지금을 빠져나오지 않으면/고른 숨길이, 나른한 신경이/진흙 속 연잎의 대롱이 되어 버릴까 봐/갈등葛藤의 힘겨루기에 뒤틀려 버릴까 봐/마른 잎처럼 푸석거리다가 사라져 버릴까 봐"라며 조바심 같은 찰나의 심상적 충동을 놓칠 수 없다는 강렬한 욕망을 욕망한다. 어차피 욕망 그 자체가 타자화된 욕망이기에 완전할 수 없겠지만, 풍경 속 감각적 전언을 통해 한 편의 시를 담아오겠다는 무의식적 욕망을 의식화한다. 시는 찰나의 문장이다. 일상으로 다가오는 풍경(사물) 속 이미지를 사물성이라는 시적 상상력을 통해 구체화하는 작업이다. 김숙경 시인도 시를 쓰기라는 것은 "마음이 집중하는 일"이란 것을 잘 알기에 그런 면에서 자유로울 수 없다. 항상 긴장하며 사물을 통해 감응한 기호를 기표로 그치지 않고 의미되어지는 기의를 통해 시적 언어로 치환하는 일이 시인의 삶이다. 하지만, 매번 문장 속에서 황당하게 미끄러지는 것도 시인의 삶이라는 것을 말해준다. 그만큼 시의 형용이 쉽게 이루어지는 것이 아니듯 시적인 열망을 충족하고자 하는 욕망과 불일치한 경우가 많기 때문이다. '인간은 존재하기 위해 욕망한다'면 그 욕망을 실현하기 위한 다양한 시도가 필요하다.

> 주먹깨나 쓰던 젊은 청년이 부모의 그늘에서 벗어나기에 섬은 너무 작고 뭍은 멀었다 그는 늦깎이 공부를 시작했고 자식들을 뭍에서 공부시켜야 한다는 사명감으로 자신의 그림자는 고향에 남겨둔 채 뭍사람이 되었다 바람이 삭지 않던 날 바다 넘어 터덕거리는 황톳길을 왔다던 옹기 항아리들과 유리됫병의 식초는 고향의 물맛을 그대로 품어 감칠맛 나는 보름달이 되었다
>
> —「아버지의 바다」 부분

바다는 어머니로 상상되는 상징으로 대부분 활용된다. 그런 바다는 모든 것을 품어주는 모성성으로 극대화되지만, 이면에 감춰진 부성적 강인함도 갖고 있다. 화자는 과거 아버지의 모습을 회상하고 있다. 그 문장적 발화 시점은 혈기 왕성한 "주먹깨나 쓰던 젊은 청년"기로부터 시작된다. 누구에게나 찾아오는 청년기 혈기방장한 시절을 생각하는 모든 것들은 미래의 꿈이 되었다. 꿈은 실현될 것이라는 확신을 갖게 되고 성취를 위한 시도는 거침이 없다. 하지만, 청년기 아버지를 가로막은 바다는 뭍으로의 출항에 난관이 된다.

시시때때로 이는 풍랑도 그렇거니와 도무지 그 속을 알 수 없게 밀려들어 깨어날 줄 모르는 해무 덮인 바다는 답답함 그 자체였다. 그렇지만 해무가 걷히듯 냉철한 이성으로 중심을 잡아 나선 삶의 기로는 외지로 나가는 것이었다. 되돌아보면 아찔한 청년기의 도발적 각성이 세상을 살아가는 기회를 열어준 셈이다. 비록 고향을 떠나 뭍으로 나왔지만, 근본적인 태자리를 잊을 수는 없다. "바람이 삭지 않던 날 바다 넘어 터덕거리는 황톳길을 왔다던 식초는 고향의 물맛을 그대로 품어 감칠맛 나는 보름달이 되었다"는 아버지의 바다는 어머니의 바다로 공존한다. 풍경이 풍경을 낳는다는 말이 있다. 대물림된 아버지의 바다가 화자의 가슴 안에서 출렁이는 풍경으로 자리 잡았다. 마음이 들뜰 때면 마당을 빗자루로 쓸곤 한다.

마당을 쓴다
다른 모습들을 쓸어 모은다
싹 틔우던 봄 햇살을 떠올리며
꽃 피우던 현기증에 거친 숨 몰아쉬며
내려놓았던 긴 시간
잎 하나의 흔적을 바라보며
눈동자를 휘젓던 무수한 일상들을 생각한다

채우려고만 했던 욕심의 꾸러미
비워지기도 했던 주머니
바람 따라 바스락거리는 철없는 소란
쉬 떠나질 못해 칙칙하게 드러누운 집착
놓을 수 없는 지금

―「시월에」 부분

풍경과 경치는 같은 의미로 사용된다. 하지만, 풍경은 전이를 통한 사유를 촉발한다. 경치는 시각적 효과를 충족하는데 그만이다. 따라서 풍경으로 다가온 사물성은 인식과 의식으로 전면화되고 사유로 확장되어 기어이 심상적 이미지로 번져 공감을 충동한다. '시월에'란 시적 접점은 마당을 쓸면서 시작된다. 마당은 생활공간으로 청결을 유지하기 위해 노동을 투여해야 한다. 화자는 마침 마당을 쓸다 속절없이 버려져야 할 낙엽이 품은 시간에 생각이 미쳤다. 그 소중한 시간 속 생명성으로 충만했던 기운으로 성장을 멈추지 않던 왕성한 계절을 상상한다. "싹 틔우던 봄 햇살을 떠올리며/꽃 피우던 현기증에 거친 숨 몰아쉬며/내려놓았던 긴 시간/잎 하나의 흔적을 바라보며/눈동자를 휘젓던 무수한 일상들을 생각"하다 열심히 쓸던 비질을 멈춘다. 떠나가 버린 계절은 화자와 함께 견뎌온 '낙엽'들이다. 낙엽에 배어든 시간이라는 언어가 빼곡하다. 혀를 내밀 듯 말라가는 잎사귀를 지탱한 잎맥과 잎맥 사이 가느다랗게 조작한 생의 비문秘文을 간직한 상형의 문장을 본다. 끝없이 탐하던 탐욕의 시간과 수시로 비워내 가벼워진 비움의 시간이 공존한 낙엽들이다. 이제야 본색을 드러낸 낙엽들, 아직도 못다 이룬 욕망이 남았는지 가벼운 바람에도 풀썩대며 일어서는 생에 대한 욕망을 본다. 똑같이 건너온 봄의 화사함과 여름의 치열함을 견디고 화색 돌아 환해지던 마당을 감싼 생명의 언어가 인간의 오욕칠정같이 유한한 탐욕처럼 끝을 보고 말았다. 무의미한 것들 속에서 발견한 생의 기운들이 화자의 상상력을 통해 삶의 지혜로 발현되는 기회를 얻었다. '시월'의 의미는 생의 절정 뒤 쇠락으로 접어든 장년기의 인생살이와 닮았다. 화자는 삶도 떨어진 낙엽과 같다는 전언적 의미를 인생 담론으로 변주하여 들려주고 있다. 삶의 부분이 전체가 되었다 다시 부분으로 나뉘어지곤 한다. 아이가 장성해 국방 의무를 수행할 청년이 되었다.

포항 가는 길
어릴 적 귀염 떨던 불국사 한 바퀴 돌았다
푸른 하늘이 기왓장 아래 서늘하다

천년의 숨소리
굴곡진 소나무 아래 스무 살 아들과
빗질하는 수도승의 이른 참선이 낯설다

가족사진을 찍었다
흘러가는 초침까지 감지하는 듯
이어폰이 손끝을 타고 내려온다

까까머리를 지키던 모자에
네 모습이
오래도록 남았다

—「군대 가던 날」 전문

시계추가 진동한 만큼 시간은 흘러 세월로 넘어가곤 한다. 어머니 뱃속에서 태어나 이내 성인이 되고 가정을 이루어 어머니가 그랬던 것처럼 아이들을 키우는 것의 반복이 인생살이다. 누구나 다 하는 것처럼 생각되지만, 다 같지 않은 것이 세상살이인 것이다. 화자의 아들이 장성해 포항 해병 입대를 하는 날 빡빡 깎은 머리를 한 아이를 앞세워 가족 여행 겸 경주 불국사를 찾아간 모양이다. 아이가 어렸을 때에 데리고 간 적 있던 불국사여서 추억이 새로웠을 것이다. 불국사 경내를 천방지축 뛰어다니며 귀염을 떨던 아이가 성장해 군 입대를 한 것이니 세월이 유수와 같다. 빡빡 밀어 버린 아들의 머리를 보면서 '푸른 하늘'에 비친 기왓장 아래의 서늘한 기운이 더 크게 느껴졌을 것이다. "천년의 숨소리/굴곡진 소나무 아래 스무 살 아들과/빗질하는 수도승의 이른 참선이 낯설다"는 비유적 상관성은 더 깊어진다. 군 입대도 특수한 환경에서 규정된 생활을 수행해야 하는 것이고, 수도승의 출가도 속세의 인연을 끊는다는 의미로 빡빡 깎은 머리 모양이 아들과 흡사하다. 시간을 유일하게 붙잡아놓을 수 있는 "가족사진을 찍었다/흘러가는 초침까지 감지하는 듯/이어폰이 손끝을 타고 내려온다"는 화자의 마음은 까닭 없이 초조해진다. 사진 속 "까까머리를 지키던 모자에/네 모습이/오래도록 남았다"며 그 사진 한 장이 지나온 세월만큼 흘렀을 때 언젠가는 현재의 시간을 되돌아보고 있을 것이다. 심란한 마음은 경내를 빠져나오며 동해바다에 훌훌 던져 버렸다. 간만에 찾아온 자유를 맞이한 것이다.

바람 들어 붕붕 이 꽃 저 꽃 찾아 헤맨다고 시비 걸지 마소

향기에 취해 밤낮 사랑타령 한다고 미쳤다 마소

한두 번 뒤집어진대도 홀딱 벗은 꽃보다 더 하겠소

난데없이 팔짱 끼고 꽃구경 가잔다고 어이없다 마소

울 집 백구도 살 떨리는 향내 좇아 목줄 풀고 줄행랑쳤다오

—「아따 봄잉께!」 전문

김숙경 시인만의 유머 가득한 '아따 봄잉께!'라는 봄날 한때가 소요유逍遙遊적 삶보다 더한 여유를 한껏 보여준다. 꽃구경도 소풍이니 마음만큼은 자유를 만끽하는 천방지축으로 낭만이 폴폴 향내를 풍겨온다. 바쁜 만큼 여유를 풀어낸 행간의 여백이 낭만적인 감성을 부풀려낸다. "시비 걸지 마소"라며 이 순간만큼은 누구에게도 간섭받고 싶지 않다는 앙칼진 단언 같아도 꼭 그런 것은 아닌 것 같다. 속내는 어떤 상황이라도 감당할 자신이 있다는 표정이 행간에 담겨있다. 바람도 잔잔하거나 살랑살랑 부는 것이 아니라 '붕붕' 명랑하게 불어 제친다. 바람을 타고 화자는 날개를 단 듯 비행하는 자유를 만끽한다. 이어 사랑에 도취된 자신을 절대 오해하지 말라는 시비는 금물이라는 선언도 간결한 말로 방을 붙여버렸다. 어차피 사랑에 도취되어 버린 작금에 더 망설일 것도 없다는 심사가 도원경에 든 듯하다. 봄이 절정으로 치달은 이때를 놓치면 다시는 볼 수 없는 한 철, 망중한에 빠진

감상적 충동이 '시적인 것'을 능가해버렸다. 기어이 시적 행간으로 옮아맬 수 없는 "울 집 백구도 살 떨리는 향내 쫓아 목줄 풀고 줄행랑쳤다오"라는 비명은 우리가 알고 있는 슬픔과 먼 상춘賞春에 들떠 지른 환호인 것이다. 김숙경 시인의 시적 바탕이 견지한 건강성을 거침없이 보여준 좋은 시다.

> 그 집 앞에 다시 섰습니다
> 봄이 왔다 갔는지 매화꽃이 살랑거립니다
> 잡념도 많았는지 잔디는 여기저기 옆구리를 내어 주었네요
> 나눠 주겠다던 능소화가 외줄을 타고 있습니다
> 챙기신다는 길고양이들이 보입니다
>
> 그러다가
> 그대가 없을까 봐 눈물이 돈았습니다
> 눈물 위로 내 발자국 힘주어 남겨놓았습니다
>
> —「바람이 사는 집」 부분

'바람도 흔적을 남긴다'는 말이 가슴에 박혀 설레던 시절이 있었다. 아무리 생각해도 어린 마음으로 이해가 되지 않던 말이었다. 세월이 흘러 그 '바람'이 '사랑'으로 변주되고 '이별'로 환기될 즈음에야 알게 된 '바람'의 의미는 인생 여정에 도사린 '상처'인 것이다. 나이가 들어서야 깨닫게 된 '세월'이

란 말도 그랬다. 화자의 연륜도 깊어져 그럴 만한 세월을 살아서일까? '바람이 사는 집'을 알고 있단다. 바람은 흔적을 남긴다지만, 아예 눌러붙어 사는 법을 알고 있는가 보다. "그대 집에 가 보았습니다"라며 세월의 마모에도 여전한 그리움으로 남은 '그대'가 사는 집을 몇 번씩 찾아갔지만, 부재한 '그대'를 볼 수 없었다. 만나지 못한 것에 대한 위로를 다독이는 심사도 애처로운 것이다. 그런 시간이 잠시려니 했지만, 그게 그렇지 않았더라는 속내다. 그에 더해 원망까지 듣는다면 참으로 억울한 일이다. 혹시라도 하는 마음으로 "그 집 앞에 다시 섰습니다/봄이 왔다 갔는지 매화꽃이 살랑거립니다/잡념도 많았는지 잔디는 여기저기 옆구리를 내어 주었네요/나눠 주겠다던 능소화가 외줄을 타고 있습니다/챙기신다는 길고양이들이 보입니다"라며 오래도록 마음속에 그리움이 된 '그대'의 부재를 확인시켜준다. '그대'가 그토록 좋아하던 능소화가 꽃줄기를 매달고 담을 오르지만, 그 꽃을 바라봐줄 '그대'는 없다. 아무것도 모른 길고양이들이 아직도 그대 없는 빈자리를 지키고 있다. 집을 비운 횟수가 늘고 손길 뜸해진 집안 풍경은 자꾸 느슨해져 간다. 화자는 마지막 연에서 '그대'의 부재에 대한 우려가 현실이 될까 봐 조바심이 들었고, 텅 빈 집 마당에서 눈물로 마음을 달래고 나온

듯하다. 호칭으로 활용되는 '그대'는 연인을 에둘러 표현하는 경우가 일반적이다. 하지만, 이 시에서는 다른 의미로 전용되고 있는 듯하다. 화자 가슴 안에 잔잔한 그리움이 되어 간간이 찾아갔지만, 집을 비운 '그대'라는 사람을 만나지 못한 채 되돌아오는 날이 있었다. 만나지 못한 횟수가 늘어갈수록 불안한 생각은 들었고, 자칫 더는 못 볼 수도 있는 상황까지 염두에 두고 있다. 어차피 생은 유한한 것이라 언젠가는 이별의 순간을 맞게 된다. 사람도 바람과 다르지 않아 세월의 풍화에 사그라지고 말 대상이다. 화자는 간곡한 그리움을 '그대'라는 대상으로 호명을 거듭하고 있다. 간절하게 불러도 돌아오지 못한 사람들도 있다. 소리가 닿지 않는 곳에 묻혀 역사 속으로 사라져 버린 사람들이 시속에서 호명되기 시작했다.

> 1990년 중반까지
> 둔덕삼거리에서 가파른 둔덕재를 넘다보면
> 검문소의 흔적이 장승처럼 우뚝 서 있었는데
> 늦은 밤, 섬뜩한 형상이 겹치거나
> 어깨의 쭈뼛거림에 뒷목이 오싹해지면
> 자동차의 문이나 실내를 확인하곤 하였는데
> 소소한 바람소리로

눅눅하고 처연한 빗소리로
주파周波를 보내고 있었던 것인데

1998년 10월 12일
호명마을 돌쫑지 깊숙한 계곡
여순항쟁 50주년에 맞춰
민간인 학살 피해자 암매장지를 최초로 발굴했다
불법적인 학살이나 암매장은 없었다는 거짓된 권력이
동백꽃 울음 앞에 하얗게 밝혀지던 날
여순반란이 여순사건이 되는 공론화公論話가 피어 올랐다
—「돌쫑지」 부분

여수 푸른 바다가 흑빛으로 변해버린 시절이 있었다. 아름답기만 한 섬들을 군데군데 척후처럼 띄워 임진왜란 때는 망국의 조선을 살려낸 여수 바다였다. 1948년 10월 19일 '여순 사건'으로 인해 엄습한 공포감은 극심해졌고, 이어 들이닥친 토벌 과정이 문제였다. 피아가 정확히 구분되지 않는 상황에서 양민들이 좌익으로 몰려 억울하게 죽임 당한 역사적인 사실을 부분적으로 인용한 시다. 여수를 진출, 입 하기 위해서는 국도 77호선 둔덕삼거리와 만나게 된다. 둔덕재를 가까스로 올라서야 검문소를 통과했다. 과거 열악한 도로 환경에서 '둔덕재'는 쉽게 넘을 수 없는 고개였고, 그 재를 넘어야 순천으로 빠져나갈 수 있었던 중요한 길목이었다. 그곳에서 "1990년 중반까지/둔덕삼거리에서 가파른 둔덕재를 넘다보면/검문소의 흔적이 장승처럼 우뚝 서 있었는데" 지날 때마다 왠지 모를 공포감이 엄습했다는 화자의 감이 적중한 것인가. 여순사건[3] 진상 규명 위원회가 만들어지고 후속 조치들이 취해지면서 까풀이 벗겨지듯 만행이 밝혀진다. 둔덕재 근처 "호명마을 돌쫑지 깊숙한 계곡/여순항쟁 50주년에 맞춰/민간인 학살 피해자 암매장지를 최초로 발굴했다"는 기사를 본 것이다. 화자는 이어 국가 권력이 지금껏 그래왔듯이 '여순 사건' 때 자행된 "불법적인 학살이나 암매장은 없었다는 거짓된 권력"의 말이 얼마나 허구인가를 확인하며 분노한다. 그 원통하게 죽어간 원혼들의 넋을 위로하는 한 편의 시로 역사를 되돌리거나 바로잡을 수는 없다. 여순 사건의 진실을 반복해서 알리겠다는 시인의 역사 인식을 보여주는 시 「맨드래미재 십리길」을 보자.

"아침 들녘 까마귀를 보신 어머니/아침상에서 경찰이던 친정 동생의 부음을 듣고/저녁 큰아들의 죽음을 보듬었다/잉구부에 매복한 진압군 총 앞에서/큰 눈을 가진 짙은 눈썹

3) 여순 사건 : 1948년 10월 19일 전라남도 여수·순천 지역에서 일어난 국방경비대 제14연대 소속 군인들의 반란을 진압하는 과정에서 많은 시민들이 좌익으로 몰려 억울하게 목숨을 잃음.

의 어린 가장의/달음박질은 소용이 없었다//미평 오림리 잉구부에서 여천리 내동 부락까지/걸음걸음 맨드래미빛 서러움이 찍히고/못다 푼 응어리들 뭉쳐 무겁디무거워진 몸/산자들이 힘 합쳐 떠메고 돌아온 핏빛 십리길/아들의 마지막을 수습했던 마음을 잊지 말라 했다//고통의 진폭이 넓어지고/죽음의 형상에 대한 뿌리들/그 끝에 딸려오는 기억의 단편들은/막연한 두려움에서 적절한 말의 옷을 입고/빛 속에서 당당해지기 위한/삶의 동심원同心圓이 되었다"는 시는 한 가족의 서사이자 잘못된 역사의 단면을 생생하게 보여준다. 여순사건 발생 시 가장 크게 부각된 문제가 억울하게 죽은 대부분이 좌익으로 몰린 사람들이었다. 그런데 위 시의 증언을 보면 지금껏 알고 있는 피해자와는 다른 사례이다. 경찰관인 친정 동생이 어떤 연유인지는 알 수 없으나 죽임을 당한 것이다. '여순 사건'은 결국 피아를 명확하게 구분하기 힘든 상황에서 혼란을 틈타 무고한 사람들이 목숨을 잃었던 역사 속 가슴 아픈 비극임을 알게 한다. 참고로 위 시의 내용은 유가족의 녹취를 통해 증언된 자료집을 바탕으로 쓰인 시란 것을 밝혀둔다. 하여튼 무고한 민중들의 목숨을 앗아간 여순사건은 70여 년이 지났지만, 아직도 치유되지 못한 채 국가 권력에 의해 억압되어 온 것이 사실이다. 피맺힌 유가족의 증언뿐만이 아니라 숨겨진 과거의 진실이 사실로 밝혀지고 있다. 늦었지만, 피맺힌 원혼들의 한 맺힌 절규를 외면해선 안 된다는 시인의 역사 인식을 귀담아 들어야 한다. 현재의 시간 속에서 사라진 대상을 실종이라 한다. 실종된 대상이 사람이라면 가족의 애태우는 심정은 가중된다.

군불 태워 뜨듯하고 토실하게 키워 낸 자식
여수 쪽만 바라보며 애태우더니
바람 따라 흘러가 버렸다

신덕 갯가 물안개 넘어오는 날이면
울퉁불퉁 늙은 가지마다
가지런히 발맞춘 까치 울음소리
목청 높아 안타깝다

—「까치산鵲山 이야기」 부분

사람이 사라진 것을 알고 날아왔는지 모르지만, 까치가 산다는 작산 마을이다. 까치가 사는 산동네라고 풀어쓴다면 될 듯도 하다. 영리한 까치가 사람 사는 동네를 용케도 찾아들어 정을 붙이고 살아간다. 열심히 주변을 맴돌아보았자 곡식 낟알 몇 개 얻어먹는 것이 전부다. 하지만, 좋은 소식을

전해준다는 길조로 여겨 까치 울음은 언제나 반갑다. 이름마저 작산鵲山(까치산 마을)인 동네 이야기를 듣다 보니 마음이 짠해졌다. "신덕 갯가 물안개 넘어오는 날이면" 집 나간 자식 돌아온다고 목청 높여 우는 까치 소리도 무용해진 아침이다. 떠난 사람에 대한 뒷담화가 아니고 돌아와야 한다는 담론이 우선이다. 떠나간 여수 쪽을 한없이 지켜본다는 지어미의 심정은 아직도 마르지 않은 눈물로 젖어있다. 사지로 떠밀려 사라진 여순 시절의 이야기가 아니라면 좋겠다는 여망을 띄워본다.

지금껏 둘러본 김숙경 시인의 시편 속에는 사람 중심인 세상을 바라보고 있어 일관된 주의 주장이 아니라 해도 충분히 가치 있게 다가와 읽힌다는 데 주목했다. 시인이 살고 있는 '여수'라는 지명은 역사적인 시간 속에서 현재와 관통하고 있어 더 각별한 곳이다. '여수'라는 고유 지명은 견고한 역사성을 기반으로 발생된 제 현상들을 함의하고 있어 시적 사유를 촉발하는 기제로 작용한다. 또한, 일상적 가치를 환기하면서 동일성으로 확장과 환기를 거듭해간다. 역사적인 사건들을 말할 때는 개별적 판단보다는 양심에 준한 인간의 존엄성으로 다가간다. 시적 대상으로 현 전화한 언어적 순종은 때론 순수한 이면을 곧이곧대로 보여주는 것 같지만, 남도의 질감으로 은근해진 언어를 미학적으로 담아내려 한 배려가 깔려있다. 시적 이미지를 의도적으로 연출한다거나 수사적으로 접근하지 않고 순정한 모습을 현재화된 언어 형태로 보여준다. 시적 중심에서 가장 중요한 것은 시어의 능란한 굴림이나 부림이 아니다. 그보다 인간의 실존에 위협이 되는 사회 제 현실을 끝없이 고민하며 질문하는 데 방점을 두고 있다. 그것은 김숙경의 시가 지향해야 할 서정성을 견지하면서도 사회 담론 안에서 놓쳐서는 안 될 사건들을 주시한다는 데 있다. 특히 김숙경 시인다운 행간의 나열은 지루하지 않고 간결한 문장으로 이뤄진다는 것도 장점이다. 실재한 사건이나 체험을 통한 시적 전개가 세상사에 대한 애환이겠지만, 결국 사람에 대한 이야기이다. 다시 돌아가 사람 사는 것에 대한 담론의 궁극도 존재에 대한 긍정과 따뜻한 삶의 서정으로 귀결되는 것이다. 시라는 문장으로 끊임없이 소통하고자 한 김숙경 시인의 진정한 세계가 존중될 때 시가 함의한 의미는 더 크게 다가올 것이다.